햇살의 기울기

정연자 시집

계간문예

햇살의 기울기

| 시인의 말 |

내 생에 빛이 되는 시의 말들

슬픔의 밤을 지나도 여전히 시 쓰기는 갈증뿐이다.
시를 향한 나의 서툰 발걸음

어디쯤 가서야
온전히 그대 시를 만날 수 있을까

그동안 시의 길로 이끌어 주신 홍금자 선생님,
해설을 맡아주신 허형만 교수님께
고개 숙여 두 분께 감사의 마음 올립니다.

서로의 어깨 의지하며
함께 시의 문을 열었던 우수문학회 동인들과
묵묵히 곁에서 지켜봐준 가족들에게도
고맙다는 말 전합니다.

2024년 가을
정연자 올림

| 축하의 글 |

시 쓰기는 결코 쉬운 일이 아닙니다.
계속 걷다보면 만나게 될 그 길을 시인은
끝없이 걷습니다.

"구름이 태양을 가렸다가 다시 태양이 얼굴을 내밀면
그늘졌던 꽃병에서 미모사의 찬란한 황색이 번쩍인다.
이것만으로도 충분하다. 방금 태어난 한줄기의 빛
나는 몽롱하고 어지러운 기쁨에 휘감겨 버린다.
— 까뮈

까뮈의 말처럼 한 권의 시집을 손에 든 순간
시인은 한 줄기 찬란한 빛을 만나는 것입니다.
정연자 시인도 이 환희의 기쁨을 만날 것이라 생각합니다.
첫 시집 상재를 축하합니다.

2024년 가을
홍금자 (시인 · 한국시인협회 상임위원)

■ **차례**

제1부 질경이

질경이 • 15
아버지의 빛 • 16
멍울진 가슴으로 • 18
인생 사용 증명서 • 19
해바라기 • 20
푸른 생명으로 • 21
태릉 장미공원 • 22
담쟁이의 삶 • 23
숲길 걸으며 • 24
세월 앞에서 • 25
세월의 얼룩 • 26
늙은 호박 • 27
어머니의 텃밭 • 28
빨래 • 29
너, 허수아비 • 30
슬프면 슬픈 대로 • 32
봉숭아 꽃 • 33
바다에서 • 34

제2부 울컥 눈물이 밟힌다

울컥 눈물이 밟힌다 • 37
그 추억 한 장 • 38
겨울 햇살 • 39
전통 찻집에서 • 40
강가에 서서 • 42
시간 안에 홀로 서다 • 43
친구 • 44
문을 연다 • 45
그대 아주 먼 곳에 • 46
건망증 • 47
유품정리 • 48
가로수 • 49
찰나와 영원 • 50
겨울 공원 • 51
삶, 그리고 몽돌 • 52
갈대 • 53
생의 절벽 그 끝에서 • 54
여명은 햇살을 안고 • 56

제3부 구월의 노래

구월의 노래 • 59
창릉천 늦가을 • 60
소나기 • 62
봄 • 64
늦가을엔 • 65
초겨울비 • 66
봄꽃 지다 • 68
벚꽃 • 69
석촌호수 • 70
하늘공원 • 72
겨울나무 • 73
오월이 되면 • 74
봄 강 • 76
어느 여름날 • 78
눈 내리는 밤 • 79
감나무 • 80
마지막 달력 • 81
가을 노래 부르며 • 82

제4부 햇살의 기울기

햇살의 기울기 • 85
겨울눈 • 86
민들레의 봄 • 87
귓속말 • 88
풀꽃 • 89
가을은 • 90
퇴근길 지하철에서 • 91
추억 속 도시락 • 92
덩굴장미 • 94
산수유 꽃 피어 • 95
비는 내리고 • 96
편두통 • 97
나무 아래서 • 98
그 봄길처럼 • 100
찐빵 한 입 • 101
꽃밭 가꾸기 • 102
바람의 기침소리 • 103
뒤껻의 감나무 • 104
손자 창빈 • 106

해설 • 109

제**1**부

질경이

질경이

강원도 통리
산골마을 길가
질경이 지천이다

누구도 씨 뿌리지 않았지만
스스로 질긴 목숨 지킨다

뽑고 뽑아도 생명줄
놓지 않는 근성

백두에서 한라까지

이 백성 닮은
끈질긴 정신
길섶 봄볕 다독이며
제 삶 지킨다

아버지의 빛

아버지는 하늘이었다
아버지를 국립묘지에 안장했다
한줌의 흙이 되었다

이 날이 어쩌면
세상에서의
내 마지막 날인 것처럼
눈물이 쏟아졌다
빛나는 계급장
반듯한 제복
조금도 흐트러짐이 없으셨던
나의 아버지

하관하고 돌아오는 길
흙을 밟는 일조차
몹시 황송했다

'정직하게 살아라
덕 있게 살아야한다'

아버지가 전한 빛의 말씀
하늘이셨던 나의 아버지
이제 땅이 되셨다

멍울진 가슴으로

일산병원 586호 산소마스크를 쓰고
당뇨합병증에 코로나로
그녀는 떨어지는 낙엽처럼
쓸쓸히 병실에 누워있다
핏기 없이 마른 얼굴이 안쓰럽다

또 왔니?
어머니 괜찮아요?
난 괜찮다
어서 가서 아이들 돌보거라
내 걱정 말고
어느새 눈언저리가 붉어진다
어머니와 이승에서의 마지막 인사
그 무겁던 삶의 중량감
오늘 나는 멍울진 가슴으로
울컥 울음 운다

하늘을 바라보며
그리움에 절규한다

인생 사용 증명서

바람에 떨구는 낙엽
푸른 잎사귀만을
고집하던 그 시절
뒤로한 채
자신의 색을 버린다

낙엽 한 장
메말라가는 서정

숲의 의지와는 상관없이
바람은 바람으로서
나무는 나무로서
주어진 처지에서
자신의 운명에 맡길 뿐

낯선 눈빛
존재의 부재를
거기 말하지 않는다

해바라기

한 곳만 바라본다
온통 그대 생각만 담은 채
가슴 속
빼곡히 그리움을
익혀가고 있었다
멍든 가슴의 묵은 무늬로
시간은 더디게 더디게 흘러
새까만 씨앗을 토해낸다

어느새
바람은 방향을 바꾸고
해는 서산에 기운다
그대 향한 손짓
마지막 그대 향한 손짓
발꿈치를 들고
고개 숙여 이별의
슬픈 인사를 건넨다

푸른 생명으로

씨앗을 심었다
흙 비집고 올라온 생명
아침마다 눈 비비며
들여다본다

가느다란
숨소리 들린다
귀 기울여본다
저 푸른 생명으로 돋아
햇살 터지는 세상 밖
신의 허다한 사랑으로
풀어내고 있는
저 여린 목숨이여

태릉 장미공원

비가 내린다
빗소리 들으며
태릉공원을 걸었다
리듬을 타고 내리는 빗방울
음표처럼 경쾌하다

꽃잎은 영롱한 보석
채워지면 아낌없이
또르르 또르르
흘려보낼 줄 안다
초록으로 웃음 주는
장미 한 송이송이
아
눈부셔라
추억은 태릉 장미공원에서
또 한 조각
쌓여가고 있다

담쟁이의 삶

콘크리트 벽 틈
뿌리내린 넝쿨
절벽 붙잡고 살아간다

한낮
뜨거운 태양 볕 아래서도
빗줄기 몰아치는
어둠 속에서도
흔들림 없다

온 힘을 다해
영역을 넓혀가며
위로 위로만 오르는
담쟁이 허기진 삶
메마른 한 생
어느 여인의
고된 삶을 닮았다

숲길 걸으며

아파트 둘레길
푸른 숲은 날로 색을 더해가고
작은 바람에도 흔들리는 나뭇잎들
마음 높이고 싶은 오늘 하루

숲의 향기 가슴으로 밀려오고
거친 표피 위에
배붙이고 울어대는
끝물의 매미소리
울어대는 짙은 숲길

일상의 옹이 박힌 생각들이
불쑥 튀어 나온다
생의 몸부림 한 조각
다시 고요 속으로 파고 든다

숲에서의 풀내음
생명은 거기 생의 정점에서
나를 보듬어보는
등불을 밝힌다

세월 앞에서

시간이 흐른다
강물 같은 세월
어느새
구순의 나이
이마엔 깊은 주름골

일찍 철이 들었다면
일찍 깨달았더라면
성숙한 삶 살았을 텐데
뒤돌아보면
아쉬움만 크다며
입버릇처럼 하시던 말씀

꽃은 피고 지고
세월은 참 빠르게 지나간다
그래도 남은 생
투명한 메시지
살아있어 행복하다는 은유

세월의 얼룩

창문 사이를 비집고
들어온 햇살 무리들

마루에 비스듬히 누워
내 주름진 이마에
지나온 세월의 얼룩
또렷이 비춘다

더께로 쌓인 아픈 상처
어루만져 위로 한다

시린 발 감싸주었던
사랑이여 그리움이여

내 고된 삶의 기울기
이제 남은 시간 끌어당겨
오늘도 생의 산정을 오른다

* 가곡 시

늙은 호박

둥글고 넙적한
경로 우대
거실에 모셨다
낯선 내색 없이
자리를 지킨다

몸매도 미모도 넉넉한
부잣집 맏며느리 감
큰 언니를 닮았다
봄 여름 지나 가을이 오기까지
어디 좋은 날만 있었으랴
궂은 날 있어
힘들고 어려워도
그저 묵묵히 견디고 견뎌온
마음 넉넉한 그녀
계절이 주는 열매의 결실
생의 끝물이
지금만 같기를

어머니의 텃밭

팔순이 넘으신 어머니
무릎 구겨
밭에 나가 잡초 뽑으신다

밭은 놀리면 안 된다며
씨앗 훌훌 뿌리더니
어느새 텃밭은
햇볕과 비를 맞으며
넉넉한 푸성귀로 자랐다

어머니의
투박하고 억센 손

늘 놀이터가 된
어머니의 텃밭
지금은 그리움으로 남아
한 장의 그림이 된다

빨래

삶의 얼룩들
빨래를 한다

빨래판 위에
문지르고 또 문질러 본다
더러움이 다 빠질 때까지
비누거품 속으로 사라져가는
저 생의 오염
맑을 때까지 다시 헹군다

아무리 비비고 두드려도
깨끗해지지 않는
내 고달팠던 삶의 무늬들

오늘만은
누군가 내 어깨 위에
손 얹어 위로해 주는
약손 없을까

너, 허수아비

들판에 보초를 선다

참새 떼 몰려와
힘들게 할 때마다
짤랑

붉은 노을이 질 때까지

두 팔 벌려 허기져
쓰러질 때까지
헌 옷 자락 놓지 않는다

이제 추수가 끝나면
바로 혼자가 된다는 걸 알기 때문

밤이슬에 축축해진
밀짚모자조차
바람에 내어주고
짙어지는 가을 뒤끝에서

마지막 생의 제단을
쌓는다

어느새
서산 해는 노을로 물들어
깊어만 간다

슬프면 슬픈 대로

그렇지
아프면 고통인 채로
즐거우면 즐거움대로
슬프면 슬픔대로
그냥 그렇게 살자

빛의 씨앗
훨훨 뿌리며
그냥 그렇게 살자

사랑하며 배려하며
그냥 그렇게 살자

머리 위에
푸른 하늘을 바라보며

봉숭아 꽃

앞마당 장독대 너머
봉숭아 꽃
잔바람과 햇살 안고
꽃봉오리 터트린다

땅거미 질 무렵
툇마루에 앉아
손톱 물 들이기
붉은 심장 가만히 앉힌다

창문 사이 아침 햇살
눈을 떴다
봉숭아 꽃물에 물든
손톱 꽃이 활짝 피었다

바다에서

삶의 무게
버거울 때
바다로 간다

파도를 불러
내 무거운 짐
실어본다

용기와 위로
그 위로 부서지는
하얀 포말
그 위에 가슴에 박힌 것들
얹어 놓는다

저만치
서 있는 등대
길을 밝힌다

파랑 저 멀리
삶의 낯선 하루가 시작된다

제2부

울컥 눈물이 밟힌다

울컥 눈물이 밟힌다

새벽녘
가마솥 뚜껑 소리에 잠이 깬다

학교 가는 십리 길

허기질세라
미명의 새벽불 켜고
서둘러 양은 도시락 들고 나오신다

육남매 뒷바라지에
물 묻은 손 마를 적 없었다

희고 곱던 그 모습 석양에 기울고
이젠 거동조차 기진한 나의 어머니

반백년 넘은 지금 어머니의
그때 그 맛

하루의 끝에 서서
울컥 눈물이 밟힌다

그 추억 한 장

긴 골목
끄트머리쯤
무수히 찍어놓은 발자국
숨바꼭질 한다
또 하나의 유년
거기 숨죽이며
어린 심장의 박동소리
어느새
어둠이 고이고
저녁 먹으라는
어머니 목소리
따뜻한 그 온기
풀꽃 닮은 나의 어머니
그리움으로 남아있는
어릴 적 그 추억 한 장

겨울 햇살

진눈깨비 다녀간 한낮
낮게 비낀 햇살
베란다 안쪽으로
슬며시 기웃거린다

계절은 기척 없이
언제 왔다 떠나는지
가늠할 수 없는 시간 앞에
때로는 슬픈 이별로
다가오기도 하고
때로는 겨울 햇살처럼
따스함으로 다가와
나의 심장박동 소리에
가만히 귀 기울인다

전통 찻집에서

오랜만에
옛친구
인사동 인파 속에서 만났다

옛날 전통찻집
생강차를 시켜놓고
서로의 안부를 물으며
지난 삶의 깊이를
가늠해 본다

흐르는 시간 속에서
우정도 깊이를 더하고
서로의 정이 고여 가고 있다

정을 나눌 수 있는 시간은
사라지고 거리엔
하나 둘 불을 밝힌다

단풍 손 흔들며

멀어져 가는
친구의 뒷모습이
가을 햇빛에
붉게 물들었다

강가에 서서

강가에 섰다
흐르는 시간 위에서
풍경들은 서서히 변해가고
억새꽃 반쯤 고개 숙인 채
바람에 출렁인다

가을 햇살 아래 반짝이는
강물의 윤슬
지난 삶의 얼룩들
하나 둘 꺼내
저 흐르는 강물에 흘러보낸다

삶
아득한 날들
아직 남아있는
생을 위해
또 다른 내일을 꿈꾼다

시간 안에 홀로 서다

시간은
흘러가는 것이 아니다
그냥 그 자리를
지키고 있는 것뿐이다

세상의 모든 것들은
시간 앞에서
어느 누구라도 복종하며
쇠하여 간다

오로지 시간만은
고여 있을 뿐이다
시간은 홀로
존재할 뿐이다

친구

고요한 오후
커피를 마신다
커피 속 너의 모습이
출렁거린다

어린 시절
어머니가 차려 주셨던 밥상
꾹꾹 눌러 담은 꽁보리밥
입안 가득
무엇과도 바꿀 수 없는
그때 그 맛
그 추억 시간의 흐름 속에서
깊어져만 가는 너와 나의
주름진 얼굴

오늘
마주보며
노을처럼 웃는다

문을 연다

마음에도 문이 있다
문을 연다
다시 닫는다
문을 닫자마자
어둠의 그림자가 다가와
자리를 잡는다

닫힌 문 열어야
살 수 있는 길

이제
용기내서 닫힌 문 열어본다
밝은 빛이 눈부시다

햇볕 한 입 물고
서로의 어깨를 두드리며
긴 동안 닫힌 문을
힘껏 열어본다

그대 아주 먼 곳에

그대여
저 깊은 곳 별처럼
그대 아득 하여라

불러보고 소리치고
찾아 헤맬수록
보이지 않는 그대
슬픔만 남아
매양 나의 헛 손짓만
공중에 매단다

깊은 이 밤에도

건망증

언제부턴가
소리 소문 없이 찾아와
주인 행세하려 한다

시도 때도 없이
아무 때나
불쑥 불시에 나타나

내 생각 집어가고
중요한 약속까지도
시침 떼

난감하게 만드는
너 건망증아

이름이 뭐였지?
오늘도
나는 나를 잊어가고 있는
슬픈 저녁

유품정리

하늘나라로 훌쩍 떠나버린
그 빈자리
남은 옷가지들과
물건들을 정리했다

생전에 좋아했던 색소폰도
주인 잃은 슬픔으로
덩그러니 방 한구석에 앉아있다

바닥에 주저앉아
그와의 시간들을
차곡차곡 상자 안에 담아본다

눌러 담고 눌러 담아 보아도
추억은 점점 하늘로 솟구친다

채울수록 솟아오르는 추억의 그림들
한 폭의 쓰린 색소폰 화음

적막한 방안을 가득 채운다

가로수

누군가의 그늘이 되기 위해
긴 시간을 견딘다

하루의 고단한 생각들로
상처 난 잎사귀들은
아무렇지 않은 듯 펄럭인다

뿌리깊이 자리 잡은
삶의 터전 있기에

묵묵히
그 자리 지키고 있다

찰나와 영원

생각이
찰나의 빛살에 박힌다

생각은 빠져나가고
빈껍데기만 남아있다
어느새 바람에 섞여
허리 굽은 세월
사라져 버렸다

초승달이 만월로 자라는 소리
내가 나에게서 나갔다가 돌아오듯

초승달이 나갔다가 만월이 되어
돌아오는 소리

그렇다
찰나가 찰나를 이끌며
영원에 줄을 선다

겨울 공원

바람도 위로가 되는
텅 빈 공원

잎 지운 떡갈나무 아래
빈 의자만 공원을 지킨다

잠시 침묵 속으로 잠긴다
삶의 여정은 어디까지일까
언제쯤 도달할 수 있을까
가까스로 다가온 따스한 햇살이
몸을 감싼다

염원을 담아
정상을 향해
오늘도
뚜벅뚜벅
지워진 그 길을 간다

삶, 그리고 몽돌

파도가 만든
몽돌들

한때는 울퉁불퉁
모난 생 거기 나를 닮았다

오랜 풍파 견디고
제 몸 만들었다

이젠
험한 폭풍 닥쳐와도
흔들림 없이 그 자리 지키며
안아주고 감싸주는
넉넉한 삶 거기 생명의 자리

노을 진 생의 끝자락에서
파랑에 밀려온 몽돌 바라보며
지난날 추억 퍼올려 본다

갈대

강가에
무리져 있는
갈대숲

흰머리 풀고
고개 숙인 채 서 있다

가파른 생의 고비
얼마나 더 흔들려야 할까

때로는 비바람에
머리 풀어 울부짖어도
아직 견뎌야한다는 신념 하나로

꼿꼿이 몸 세워
서로 어깨 내어주며
삶의
그 자리 지킨다

생의 절벽 그 끝에서

도둑처럼 왔다
예고 없이 찾아온 고통
뜬눈으로 밤새우며
긴 터널 속에서 몸서리쳤다

피붙이조차 만날 수 없었던
갇힌 나날의 막막함

분명 저주의 그림자다

고독감과 무기력한 일상
이제야
어둠은 서서히
뒷걸음질 치기 시작한다

닫힌 문 열고
서로의 어깨 도닥이며
사람의 입김으로
누군가의 마지막

시간을 지킬 수 있다
그러나 아직도
그 끝은 보이질 않는다

식지 않는 침묵의 연속
이 어둠은
몇 겹의 시간을 살고 있는 것일까

여명은 햇살을 안고

이른 새벽
베란다 창문 열고
아침을 맞는다

지난밤 적막
그 끝에 서성이는
그리움의 공복

하루 삶을 여는
빛의 창
두드리는 여명

제3부

구월의 노래

구월의 노래

구월은 한 폭의
풍경이 된다

열매 맺기 위한
고귀한 땀방울
푸른 몸 열어
저마다의 가슴으로
가을햇살 받는다

아득한 깊이의
격정의 시간들 지나
탑 세우듯 층계를 오른다

아직은 열매를 기다리는 시간
저 짙푸름 속에서 한 생을 바쳐
품격 있는 과실을 얻기 위해
기다리는 구월
참으로 거룩한 목숨이여

창릉천 늦가을

일상의 소란스런
시간을 닫고
오랜만에
창릉천 변을 걷는다

흐르는 시간 위에서
풍경들은 서서히 지쳐가고 있다

갈대숲은
바람에 나부끼고
눈부신 햇살 아래
강물의 윤슬은
그대로 인 채 흐르는 그 길을 따라 간다

오늘따라 지워지지 않는
삶의 얼룩들
자연의 허리를 열어 헹궈본다

저기

제 몸에서 떨구는
마른 나뭇잎들
지나는 계절의 촉수
그 위의 새소리
긴 이별 재촉한다

겹겹이 몰려 온 아픔의 기억들
끝내 꺼내지 못한 말들까지
추억 속 그리움으로 새겨 놓는다
창릉천 둑길 위에서

소나기

더듬거리던
하늘길이
무너져 내리고 있다

상처 입은 먹구름
예고 없는 폭력
온갖 상처 만들고
보이지 않는 구석까지
비집고 스며든다

경희네 지하 단칸방
정수리에 떨어지는 빗방울
대야로 받는다

잠시 해가 비친다
다시 평온
내일의 삶을 향한
작은 발걸음
내가 닿아야 할

마지막 정상까지
빛을 향하여
저벅저벅
물방울 튀어오르는
포도 위를 걷는다

봄

나른한 오후
커피를 마신다
은은한 향이 온 몸으로 스민다

창밖 햇살
봄 치장 하느라 분주하다
이곳저곳에서 꽃망울 터드리고
봄의 향연
생명의 발화기

계절은 가고 오고
또다시 찾아오는
꽃들의 잔치
울컥울컥
상처 진 시간들
봄 꽃 위에 피어난다

늦가을엔

들바람 앞에서
마구잡이로 털어내는
나뭇잎들
아무런 손 쓸 새도 없이
이별의 잔을 든다

여기저기 뒹굴며
지상의 몸 뉘인 나뭇잎들의 잔상

여름 밤
떨어졌던 별들이
무리지어 늦가을 새파란
하늘로 돌아가는
별무리를 본다

떨어져 누운 잎들
저 별무리 속에
끼어 다음 생
지상에 꽃으로
피어날지 몰라

초겨울비

한낮의 그림자마저
어둠에 가려놓고
초겨울비 내린다

미처 떠나보내지 못한 사연
그리움으로 비에 젖고 있다

쓸쓸한 어머니의 얼굴이 보인다
아파도 아픈 내색 없이
힘들어도 힘든 기색 없이
자신의 몸 돌보지 않으시고
가족을 위해 살아오신 어머니의 삶
세월은 흘러 석양에 기울고

봄, 여름 그리고 가을 지나
초겨울
살아내기 위한 안간힘

엄마 춥지 않아요?

서로의 관계를 올린다

밖에 촉촉이 내리는 비
마음과 마음을 얹은
삶의 온기

봄꽃 지다

계절은 가고 오고
순한 바람 속
꽃잎 지운다
자꾸 밀려오는 푸르름은
나날이 짙어만 간다

꽃잎지고
이별 서두르는 분주함
꽃들과의 동거시간
아쉬워하며
어느 길지 않은 생이
어둠에 묻혀
멀어져 가듯
봄꽃 시들어
기우뚱거린다

벚꽃

아파트 공원 둘레길
어느새
완연한 봄
가지마다
벚꽃 물고 있다

맘껏 터지는 꽃 이파리들
기별 없이
어깨 위에 앉힌다
그것도 잠시
잔바람에 꽃비 되어
흩날리는 꽃잎들
만남과 이별이 반복 된다

그녀의 살결 닮은
분홍의 벚꽃이 머물다간
그 자리
간지럼 타는 사월의 꽃잎
한 장 들어 올린다

석촌호수

줄줄이 봄꽃을 문
석촌호수 둘레를 걷는다

나뭇가지 위 새들도
목청을 높이고
물결 위 윤슬은 그대로 빛난다

한낮의 사람들
발걸음 뜸해질 무렵

저녁나절 하늘은 노을에 젖고
생의 풍경 어둠에 숨는다

저만치
우뚝 서 있는
석촌호수 여신상
횃불을 밝히기 시작한다

어둠에 있는 생들도
저 빛 맘껏 비출 수 있을까
한 날이
밤으로 젖어간다

하늘공원

가마솥 열기도
짓궂은 장맛비도
연신 흐르던 땀도 가신
가을의 푸른 하늘

아무 기척도 없다가
매미소리 앞세워
가을 풍경 속으로
나를 숨긴다
내 고요도 함께
숨을 고른다

하늘공원
진홍빛 노을로
물들이며
내게 안부를 전한다
'가을은 우리의 마음이라고'

겨울나무

동안거에 침잠한다
꽃잎 치장했던 날들
모두 떠나보내고
옷 벗은 채
추위를 견디고 있다

뼈 마디마디
시린 통증
맨몸으로 글썽인다

바람에 맨살을 내어준 채
언 땅에 떨어진 마른 잎 하나
이정표를 잃었다

그러나
무너지지 않는다
뿌리 깊이 지켜온
생의 온도

오월이 되면

꽃들이 모두 가슴을 열었다
그러나 열리지 않은 것 하나
세상에 입 다물고
하늘의 별만 세어본다
언제쯤
내 영혼의 문
화알짝 열릴까

늘 어머니 말씀
"얘야, 겸손하거라, 정직하거라,
하나님 말씀 늘 곁에 두고 읽거라"
지금도 귓전에 선연히 들려온다
그러나 열지 못하고 얼었던 마음

오월이 오면
아카시 향기에 젖어
가슴시린 추억 속
때늦은 후회로
잠 못 이루며

당신을 향한 그리움으로
베갯머리 적십니다

어머니

봄 강

순한 바람이
다스한 햇살 이고
꽃봉오리 툭툭 터뜨린다
오르막길도
한참을 따라오더니
양지 바른 곳
민들레 노오란 머리를
툭 건드리며
장난기스런
웃음을 던진다

겨우내 몸 풀지 못한 강물은
덩달아 기지개 켜며
천천히 윤슬로 흐르고 있다

봄 여름 그리고 가을 겨울이 지나
다시 봄이 올 때마다

강가에 핀 메꽃무리

곁으로
조용히 걸어오는
낯익은 삶 하나
강물 따라
나에게 다가오고 있다

어느 여름날

초록 세상
온통 푸른빛이다

햇빛 쏟아지는 한낮
그 햇볕 머리에 이고
리어카에 가득한 폐지
비틀거리며 간다

허리 굽은 할머니
"밀어드릴게요"
고맙다는 말 대신
선한 눈빛 끄덕인다

깊게 패인 두 볼에
땀방울이 흐른다

언제쯤 저 삶의 무게
슬픔의 바깥이 될까

눈 내리는 밤

밤새 눈 내린다
가장 그리운 사람 얼굴이
창문에 어린다

가장 간절한 문장으로
하늘이 보이지 않을 만큼
밤사이 눈 내려
마른 나뭇가지 위에
메밀꽃처럼 하얀 꽃을 달았다

산골마을 저녁
마른 솔가지 잘라
무릎 굽혀
군불 떼시던 어머니

문득
눈 내린 밤
그리움만
겨울밤처럼 깊어집니다

감나무

총총한 별들처럼
달려있던 주황색 감 알들
나뭇잎 모두 떨구고
허리 굽은 가지에
덩그러니 몇 개 남은
서러운 감 몇 개

"애야 까치밥으로 남겨 두어야 한다"

감나무 사이로 들려오는
어머니의 따뜻한 말씀
그 삶의 향기
서럽게 가슴에 젖어오는
늦은 가을 밤

마지막 달력

눈뜨면
숫자를 헤아려본다

삼백 예순 다섯 날
숨차게 살다가
잠시 되돌아본다

어느새
달랑 한 장 남은 달력
저 엄격한 세월의 시간

빛의 지난 날들
모두 떠나보내고
서산 해는 노을로 물들어
고독을 집어든다

나는 나에게 말한다
그대로 잘살아 왔다고
마침내
보석 같은 말
혼자 위안으로 남았다

가을 노래 부르며

차고 푸르른 달빛
부시게 이마에 얹힌다

가을 돈벌레
맑고도 슬퍼
밤새 기도처럼
숨죽여 듣는다

영혼까지 맑히는
투명한 가을밤
속내 알 수 없는
삶의 깊은 노래
단 한 번뿐인
목청 세워본다

제4부

햇살의 기울기

햇살의 기울기

창문 비집고
들어온 햇살
베란다에
비스듬히 누웠다

문틈 사이로
기웃대는
오후의 햇살
어디를 다녀왔을까
시간의 뼈 마디마디를
풀어낸다

이런 날
꺾이지 않는 유연함으로
마음 문 단단히 붙들고
삶의 산정 향해
계단을 오른다

겨울눈

눈 쌓인 공원
그 뒤 따라온 발자국
지나는 시간 속에서
깊은 주름은 점점 짙어져 가고
한 장 남은 달력 침묵을 지킨다
무시로 흔들리던 마음들

때로는 어둔 터널을
때로는 홀로 비를 맞기도 하고
때로는 무심한 하늘을
바라보며
빈 잔을 채우던 눈물도
이제 남은 날을 붙잡고 말을 건넨다

그동안
그래도 잘 살아왔다고
이제 겨울눈 녹으면
봄이 온다고

민들레의 봄

언 땅 비집고
목 내민 민들레
여린 햇살 받으며
생기가 돈다

비좁은 땅 어디서나
짓밟히고 또 밟히며
견뎌온 생

지난날의 아픔
인고의 시간

이제 모두 떠나보내고
훌훌
맘껏 창공을 향해
날은다
저 넓은 세상
초원으로 가는 그 길
향하여

귓속말

풀벌레 소리 정겨운
들길을 나선다
"이거 키우세요, 선물이에요"
어디선가 꺾어온 키 작은 풀꽃
내 손에 꼭 쥐어준다

뿌리 없는 것은
생명이 없어
자랄 수 없단다
말이 끝나기도 전에
"선생님, 사랑해요"
귓속말로 속삭여주던
눈이 큰 아이

돌아오는 길에
토끼풀 꽃반지 만들어 주었다
까르르 햇살처럼 웃음소리
퍼져나간다

풀꽃

보도블록 틈새
얼굴 내민 풀꽃
목숨 하나 기댈 곳
그리 없었나
여기 저기 파고든
목숨 하나

오가는 신발에
짓밟히는 삶

그래도 이것만이
최선의 방법이라면
이곳에서
무탈하길
기도 할 뿐이다

가을은

성숙의 계절
나무마다 열매 맺어
진홍빛 햇살로
익어간다

지난봄 햇볕을
끌어들여 씨앗을 틔우더니
벌써 낟가리들
가을로 출렁인다

저만치
들판에 홀로
멋쩍게 서 있는 허수아비
키 작은
가을볕
어느새
노을을 타고
깊어만 간다

퇴근길 지하철에서

퇴근길
마스크로 숨 막히는 공간
손안에 비밀 창고
무슨 보물 찾고 있을까

하루의 끝자락에서
저마다 노동의 무게
잠시 내려놓는다

매일 반복되는 일상
때로는 권태가 몰려와
주저앉고 싶지만
삶은 이 순환의 지하철처럼
쉼표를 잊은 채
달리고 있다

아찔하게 돌고 도는
삶의 여정
언제쯤 쉼을
얻을 수 있을까

추억 속 도시락

아침마다
낡은 가방에
볼품없는 모양새지만
어머니의 손맛
무말랭이와
양은도시락에 꾹꾹 눌러 담은
꽁보리밥

도시락 속 가장 낮은 곳
가만히 숨죽여있는
계란 프라이 하나
어머니의 사랑 숨어있었다

책상에 둘러앉은
아이들
도시락 뚜껑이 열리는 순간은
하루 중 가장 즐거운 시간

먼 그 시절

그리움으로 스며드는
추억 속 도시락
지금도 가슴 속 깊이 출렁거린다

덩굴장미

아파트 공원
담장너머 덩굴장미
수줍은 듯 시샘하듯
얼굴을 내민다

눈부신 햇살 속에서도
때로는
빗줄기 몰아치는
어둠 속에서도
흔들림 없다

밤사이
붉은 빛 물결이 바스락대더니
이른 아침 빨간 장미
눈을 떴다

길과 아파트와의 경계선
덩굴장미 꽃줄로 선을 그었다

산수유 꽃 피어

어느새
산수유 꽃피어
봄소식 알린다
그것도 잠시
안개 바람에 꽃비 내리고
이별 서두른 뒤엔
노란 향기만 남겼다

날마다의 생 멀어져가듯
아득한 계절 지나
우리 집 창가로 오는 길
잃을지 몰라
다시 그 봄 기다려본다

비는 내리고

이월 이른 비 내리고
가슴 푸는 나무들 사이로
꽃내, 잎내, 향내
한 뼘 쯤 더 늘어날
나이테가
봄 숲 가득하다

편두통

오른쪽 내 머리
딱따구리가 들어와
마구 쪼아댄다

며칠 전
어머니 저세상
보내드린 죄밖에 없는데
날카로운 침으로 고문을 한다

뜬 눈으로 밤
지새며 몸부림 쳤다
편두통과 전쟁 여러 날
드디어
어두운 그림자
서서히 뒷걸음질 치고
날 밝아온다

아침 햇살 눈부시다
빛의 결들이
내 머리 쓰다듬는
봄날 아침

나무 아래서

비 개인 오후
따스한 햇볕 받으며
우두커니 앉아있다

출렁대는 저 잎새들
종일 팔 들어
섬기는 나뭇가지들
시간의 무게를
가늠해본다

더 이상
견디지 못해
주저앉고 싶던 삶들
서릿발 같은
매서운 시간들
서서히 뒷걸음치고

이제
잎 넓은 나무 아래서

손가락 세며
세월을 읽는다

밝은 빛 향해
층계를 오른다

그 봄길처럼

봄날 아침
꽃봉오리 툭툭 터진다

산모퉁이 돌아
개울 건너는 징검다리 흐르는 물속
작은 물고기 떼 지어 물 주름 만들고
지나간 시절 정겨운 얘기들
봄바람 타고 들려온다

개구리 울음
창호지 문틈 사이로
서럽게 다가오는
놓친 삶의 유년

찐빵 한 입

땅거미 지고
허기져 집으로 오는 길
모락모락 김이 오른
찐빵을 찌고 있는
허리 굽은 할머니

주머니 속 더듬어
동전 몇 푼에
찐빵 하나 쥐었다

지친 삶의 작은 희열
생의 무엇과도 비교할 수 없는 맛
아득한 유년시절
낙관처럼 새겨진 그 추억

꽃밭 가꾸기

종일
가위질, 호미질로
허리 펴지 못하던
어머니의 꽃밭
여름 햇살 받아
거기 색색의 꽃들 피었다
저토록
저마다의 색깔로
피어나는 분주한 생들
어쩌면
우리 육 남매의
키를 세우신 어머니의
손끝 사랑이었다

바람의 기침소리

바람이 분다
베란다 창문 밖
바람의 기침 소리
철을 잊은 귀뚜라미가 운다

나무에 배붙이고
울어대던 매미조차
긴 이별의 여정에 들었다

맑고 청명한 하늘
여린 몸 흔들며
서 있는 코스모스
떨어져 나간 꽃잎들
몇 개 남은 잎들 달고
가느다란 줄기에
겨우 목숨 부지한다

여름들 지나왔던
모든 정든 것들
다시 돌아오겠지
가을을 맞는 길목에서

뒤꼍의 감나무

오래된 집 뒤켠
장독대 옆 허리
휘어진 감나무

해가 기울 때쯤이면
어머니는 으레
노을 빛나는 감을 따다
툇마루에 펼쳐 놓으셨다

먼 어린 시절
뒤꼍은 나의 놀이터

감나무 오르기
감꽃으로 목걸이 만들기

평생 육 남매 위해
뒤꼍 지키며
살아오신 어머니
가을볕에 서 있는

감나무처럼

아픈 색색의
당신 피붙이들
지금은 말랑하게
익어가고 있습니다

손자 창빈

벚꽃 황홀한 봄날
새 생명이 태어났다
매일 설렘으로
출렁이는 하루하루
날마다 햇살처럼 웃는
나의 손자 창빈
눈 코 찡그리며 애교떤다

복숭아 닮은 두 볼
뒤뚱거리며 뽐내며
세상을 걷는다

이 세상 무엇과도 바꾸지 않을
최상의 내 생의 선물
나의 손자
너는 나의 최고 보물

해설

| 해설 |

모성애의 그리움과 삶의 성찰, 그리고 생명 의식
― 정연자 시집 《햇살의 기울기》

허형만
(시인. 목포대 명예교수)

1.

정연자 시인은 2022년 《계간문예》 신인상으로 등단했다. 신인상 심사를 맡은 홍금자 시인은 "정연자의 시는 장식적이거나 쓸데없는 기교 없이 담백하게 표현하고 있다."고 평했다. 이제 등단한 지 2년이 지나 출간하는 정연자 시인의 첫 시집《햇살의 기울기》에는 우선 어머니에 대한 추억과 사랑과 그리움으로 출렁인다. 카를 구스타프 융에 의하면 어머니는 집단 무의식, 곧 존재의 황홀한 차원, 생명수의 근원을 상징한다. 한편, 율리우스 에볼라에 의하면 지상을 표상하는 어머니는 물, 바위, 동굴, 모성으로서의 고향, 밤, 깊이를 간직한 집, 지혜나 힘의 집을 상징한다. 헤세의 경우 〈나의 어머님께〉라는 시를 통해 어머니는 고향을 상징하며 너그러운 관용을 상징한다. 정연자 시인의 경우 유독 모성애의 그리움으로 어머니는 따뜻한 사랑의 그릇을 상징한다. 생명을 잉태한 순간부터 일평생 처연하고도 헌신적인 삶을 살면서도 밑 빠진 독에 물 붓듯 한없는 사랑을 몸소 보여주신 어머니에 대한 그리움은 정연자 시인 또한 어머니가 되어 어머니로서의 생을 살아가는 과정에서 더욱 절실하게 다가온다.

> 아침마다
> 낡은 가방에
> 볼품없는 모양새지만
> 어머니의 손맛
> 무말랭이와
> 양은 도시락에 꾹꾹 눌러 담은
> 꽁보리밥
>
> 도시락 속 가장 낮은 곳
> 가만히 숨죽여있는
> 계란 후라이 하나
> 어머니의 사랑 숨어있었다
>
> 책상에 둘러앉은
> 아이들

도시락 뚜껑이 열리는 순간은
하루 중 가장 즐거운 시간

먼 그 시절
그리움으로 스며드는
추억 속 도시락
지금도 가슴 속 깊이 출렁거린다
     — 〈추억 속 도시락〉 전문

어머니에 대한 그리움은 늘 어린 시절의 추억으로부터 시작되기 마련이다. 정연자 시인 역시 풍요롭지 못한 시절 "새벽녘/ 가마솥 뚜껑 소리에 잠이 깬다/ 학교 가는 십리 길/ 허기질세라/ 미명의 새벽불 켜고/ 서둘러 양은 도시락 들고나오시는"(《울컥 눈물이 밟힌다》) 어머니를 생각하면 울컥 눈물이 밟힌다. 그랬다. 새벽부터 어머니는 딸의 도시락을 준비하여 "낡은" 책가방 안에 넣어주셨다. 점심시간, "책상에 둘러앉은/ 아이들/ 도시락 뚜껑이 열리는 순간은/ 하루 중 가장 즐거운 시간"이다. 점심을 먹기 위해 양은 도시락 뚜껑을 열었을 때 "볼품없는 모양새지만/ 어머니의 손맛/ 무말랭이와/ 꾹꾹 눌러 담은/ 꽁보리밥"이 보인다. 이 정도면 "어머니의 손맛"으로 이미 배가 부른 것처럼 흡족해진다. 그러나 반전이 일어난다. 그것은 "도시락 속 가장 낮은 곳/ 가만히 숨죽여있는/ 계란 프라이 하나"의 발견이다. 이 "계란 프라이 하나"는 곧 "어머니의 사랑" 그 자체이다. 얼마나 목이 메었을까. 시인은 "그 시절" "추억 속 도시락"을 떠올릴 때마다 어머니에 대한 "그리움"으로 "지금도 가슴 속 깊이 출렁거린다"고, 울컥 눈물이 밟힌다고 회상한다.

 이처럼 어린 시절 어머니에 대한 추억과 그리움은 어둑해질 때까지 놀고 있을 때 들려온 "저녁 먹으라는/ 어머니 목소리/ 따뜻한 그 온기/ 풀꽃 닮은 나의 어머니"(〈그 추억 한 장〉), "먼 어린 시절/ 어머니가 차려주셨던 밥상/ 꾹꾹 눌러 담은 꽁보리밥/ 입안 가득/ 무엇과도 바꿀 수 없는/ 그때 그 맛"(〈친구〉)을 떠올리게 한다. 또한 늦은 가을밤이면, 감나무 가지에 덩그러니 감 몇 개 남았을 때 "얘야 까치밥으로 남겨두어야 한다/ 감나무 사이로 들려오는/ 어머니의 따뜻한 말씀/ 그 삶의 향기/ 서럽게 가슴에 젖어"(〈감나무〉)온다. 이 감나무는 어린 시절 살았던 고향 뒤꼍 장독대 옆에 있던 감나무로 어머니를 추억하는 대표적인 시적 대상이기도 한데, 전문은 다음과 같다.

  오래된 집 뒤꼍
  장독대 옆 허리
  휘어진 감나무

  해가 기울 때쯤이면
  어머니는 으레
  노을 빛나는 감을 따다
  툇마루에 펼쳐 놓으셨다

먼 어린 시절
뒤꼍은 나의 놀이터

감나무 오르기
감꽃으로 목걸이 만들기

평생 육 남매 위해
뒤꼍 지키며
살아오신 어머니
가을볕에 서 있는
감나무처럼

아픈 색색의
당신의 피붙이들
지금은 말랑하게
익어가고 있습니다
— 〈뒤꼍의 감나무〉 전문

"평생 육 남매 위해/ 뒤꼍 지키며/ 살아오신 어머니"는 "가을볕에 서 있는""허리 휘어진 감나무"에 비유된다. 어린 시절 뒤꼍은 "감나무 오르기", "감꽃으로 목걸이 만들기" 등 시인의 놀이터였다. 그 시절 어머니는 해가 기울 때쯤이면 으레 "노을빛 나는 감을 따다/ 툇마루에 펼쳐 놓으셨"고, 그러면 육 남매는 그 감을 맛

있게 먹었을 터.

이제 나이 들어 생각해보면 시인의 어린 시절은 "산모퉁이 돌아/ 개울 건너는 징검다리 흐르는 물속/ 작은 물고기 떼지어 물주름 만들고" "개구리울음/ 창호지 문틈 사이로/ 서럽게 다가"(《그 봄 길처럼》)온다. 그런가 하면, 땅거미 지고 허기져 집으로 오는 길에 허리 굽은 할머니가 찐빵을 찌고 있는 걸 보고 주머니 속 더듬어 동전 몇 푼에 찐빵 하나 사서 먹을 때를 떠올리면 "지친 삶의 작은 희열/ 생의 무엇과도 비교할 수 없는 맛"(《찐빵 한 입》)이었음도 잊을 수 없는 낙관처럼 새겨진 추억이 아닐 수 없다.

정연자 시인의 유년 시절 어머니의 그리움은 마침내 곁을 떠나 소천하신 어머니에 대한 그리움으로 확산한다. 살아생전의 어머니는 꽃을 사랑하시어 "종일/ 가위질, 호미질로/ 허리 펴지 못하던/ 어머니의 꽃밭"(《꽃밭 가꾸기》)은 여름 햇살 받아 색색의 꽃을 피웠고, 팔순이 넘어서도 "밭은 놀리면 안 된다며/ 씨앗 훌훌 뿌리더니/ 어느새 텃밭은/ 햇볕과 비를 맞으며/ 넉넉한 푸성귀로 자랐"(《어머니의 텃밭》)으며, 구순의 나이에는 "일찍 철이 들었다면/ 일찍 깨달았더라면/ 성숙한 삶 살았을 텐데/ 뒤돌아보면/ 아쉬움만 크다"(《세월 앞에서》)며 입버릇처럼 말씀하시곤 했던 분이시다.

그러던 어머니는 마침내 "일산병원 586호 산소마스크를 쓰고/ 당뇨합병증에 코로나로"(《멍울진 가슴으로》) 운명하셨다. 그 후, "며칠 전/ 어머니 저세상/ 보내드린 죄밖에 없는데"(《편두통》) 시인은 며칠 동안 편두통으로 고생한다. 초겨울 비 내린 날에는 "쓸쓸한 어머니의 얼굴이 보인다/ 아파도 아픈 내색 없이/ 힘들어도 힘든 기색 없이/ 자신의 몸 돌보지 않으시고/ 가족을 위해 살아오신 어머니의 삶"(《초겨울 비》)이 그리움으로 비에 젖는다.

오월이 오면 "아카시 향기에 젖어/ 가슴 시린 추억 속/ 때늦은 후회로/ 잠 못 이루며/ 당신을 향한 그리움으로/ 베갯머리 적시"며 "얘야, 겸손하거라, 정직하거라,/ 하나님 말씀 늘 곁에 두고 읽거라"(《오월이 되면》) 당부하시던 어머니를 그리워한다. 이러한 어머니의 당부 말씀은 이 시집에서 유일하게 등장하는 아버지의 말씀과도 이어진다. 시인의 아버지는 국립묘지에 안장되셨는데, "빛나는 계급장/ 반듯한 제복/ 조금도 흐트러짐이 없으셨던/ 나의 아버지/ '정직하게 살아라/ 덕 있게 살아야 한다'/ 아버지가 전한 빛의 말씀"(《아버지의 빛》)과도 상통하여 부모의 훈육 말씀이 오늘의 정연자 시인으로 성장시켰음을 알 수 있다.

2.

에리히 프롬의 《소유냐 존재냐》(범우사, 1988)는 저자가 지금까지 수많은 저서에서 추구한 '현대사회에 있어서의 인간성의 문제'를 철학, 정신분석, 종교, 역사 등 여러 관점에서 깊숙이 파헤쳐 평이한 문체로 고찰한 뛰어난 계몽서이며 프롬 사상의 명저로 평가받는다. 에리히 프롬은 이 책에서 인간 생존의 두 가지 양식, 즉 '소유양식'과 '존재양식'으로 구별하고, '존재'는 거짓된 환상의 모습과는 대조적으로 현실의 모습과 관련을 갖고 있어, 존재의 영역을 중대시키려는 어떠한 시도도 자기의, 타인의 그리고 우리 주위의 세계의 현실에 대한 통찰의 중대를 의미한다고 보았다.

한편, 허만하 시인은 시 전문지 예술가 2020년 제41호 권두 시론에서 "존재와 인간 본질의 관계는 사색을 통해서 이루어진다. 철학에 있어서 〈존재〉는 블랙홀과 같은 강력한 인력을 가진다. 시쓰기는 존재를 언어를 통해서 지어내는 일이다"라고 말했다. 그러면 이제 정연자의 삶의 존재가 어떠한 환경에서 어떻게 표현되고 있는가를 살피는 것도 정연자의 시세계를 이해하는데 도움이 될 것이다.

    창문 비집고
    들어온 햇살
    베란다에
    비스듬히 누웠다

    문틈 사이로
    기웃대는
    오후의 햇살
    어디를 다녀왔을까
    시간의 뼈 마디마디를
    풀어낸다

이런 날
꺾이지 않는 유연함으로
마음 문 단단히 붙들고
삶의 산정을 향해
계단을 오른다
— 〈햇살의 기울기〉 전문

이 시집의 표제시다. 어느 날 아침, "창문 비집고/ 들어온 햇살/ 베란다에/ 비스듬히 누워" 있더니 오후에는 "어디를 다녀왔"는지 "문틈 사이로/ 기웃"댄다. 햇살이 비스듬히 누워있는 거나 기웃대는 모습은 곧 햇살의 기울기에 대한 의인화다. 이러한 의인화의 묘사는 아침에서부터 오후에 이르는 "시간의 뼈 마디마디"라는 감각의 사유에서 생명성을 갖는다. 결국 '햇살의 기울기'는 "꺾이지 않는 유연함"이라는 시인의 삶의 정신에 다름 아니다. 그러기에 "마음 문 단단히 붙들고/ 삶의 산정을 향해/ 계단을" 오를 수 있는 게 아니겠는가. 다시 말해 '햇살의 기울기'는 곧 "삶의 기울기"(〈세월의 얼룩〉)이며 삶의 성찰의 다른 방식이다.

시인은 마음에도 문이 있다고 믿는다. 이 마음의 문이 닫혀 있을 때 당연히 닫힌 문을 열어야 살 수 있음을 인식한다. 그래서 "이제/ 용기 내서 닫힌 문 열어본다/ 밝은 빛이 눈부시다"(〈문을 연다〉). 닫힌 마음의 문을 열어 눈부신 밝은 빛을 보는 것은 삶의 희망이다. 시인은 삶의 무게 버거울 때 바다로 가 "저만치/ 서 있는 등대/ 길을 밝히"(〈바다에서〉)듯, 그리고 강가에 서서 "삶/ 아득한 날들/ 아직 남아있는/ 생을 위해/ 또 다른 내일을 꿈꾸며/ 불을 밝히"(〈강가에 서서〉)거나, 아파트 둘레길 푸른 숲의 향기에서 "나를 보듬어보는/ 등불을 밝히"(〈숲길 걸으며〉)듯, 늘 자신의 존재의 의미를 확인할 때마다 삶의 희망은 살아난다.

>그렇지
>아프면 고통인 채로
>즐거우면 즐거운 대로
>슬프면 슬픈 대로
>그냥 그렇게 살자
>
>빛의 씨앗
>훨훨 뿌리며
>그냥 그렇게 살자
>
>사랑하며 배려하며
>그냥 그렇게 살자
>
>머리 위에
>푸른 하늘을 바라보며
>― 〈슬프면 슬픈 대로〉 전문

정연자 시인의 자아의식이 선명하게 드러난 작품이다. 삶에 대한 시적 인식은 경험과 뗄 수 없는 동체성을 지니고 있으므로 이 경험을 마르셀 레몽은 '창조의 경험'이라고 불렀으며, 동시에 시는 '어떤 본능'의 자연스러운 연장이라고 정의했다. 그렇다. "아프면 고통인 채로/ 즐거우면 즐거운 대로/ 슬프면 슬픈 대로/ 그냥 그렇게" 사는 게 가장 기본적인 본능이다. "빛의 씨앗/ 훨훨 뿌리며" "사랑하며 배려하며" 그냥 그렇게 사는 게 존재의 근본 이치가 아니겠는가. 그러나, 한 가지, "그냥 그렇게" 산다고 해서 삶의 의지나 희망까지 모두 버린 것이라 오해하면 안 된다. 앞에서도 살펴보았듯이 정연자 시인은 "머리 위에/ 푸른 하늘을 바라보며" 늘 희망적인 삶을 영위한다.

이러한 정연자 시인의 삶은 서정시가 자아와 세계의 동일화를 추구하는 데 있음을 상기할 때 '투사'의 기법을 활용한 〈겨울나무〉의 "뼈 마디마디/ 시린 통증/ 맨몸으로 글썽인다/ 그러나/ 무너지지 않는다/ 뿌리 깊이 지켜온/ 생의 온도"에서처럼 강한 의지력을 보여주고, 〈겨울눈〉에서는 "때로는 어둔 터널을/ 때로는 홀로 비를 맞기도 하고/ 때로는 무심한 하늘을/ 바라보며/ 빈 잔을 채우던 눈물도/ 이제 남은 날을 붙잡고 말을 건넨다/ 그동안/ 그래도 잘 살아왔다고/ 이제 겨울눈 녹으면/ 봄이 온다고", 그리고 〈마지막 달력〉에서도 "나는 나에게 말한다/ 그대로 잘살아왔다고" 희망적이며 긍정적으로 삶을 성찰한다.

이와 같은 정연자 시인의 삶에 대한 성찰은 빨래판 위에 삶의 얼룩들을 문지르고 또 문지르는 행위에서 절정을 이룬다.

빨래판 위에/ 문지르고 또 문질러 본다/ 더러움이 다 빠질 때까지/ 비누 거품 속으로 사라져가는/ 저 생의 오염/ 맑을 때까지 다시 헹군다 — 〈빨래〉 2연

시인은 고달팠던 삶의 무늬, 생의 오염들을 빨래하는 행위를 통해 정결하게 하고자 노력한다. 이는 곧 "파도가 만든/ 몽돌들/ 한때는 울퉁불퉁/ 모난 생 거기 나를 닮았다/ 오랜 풍파 견디고/ 제 몸 만들었다"(〈삶, 그리고 몽돌〉)는 바닷가 몽돌의 과정과도 통하고, "가파른 생의 고비/ 얼마나 더 흔들려야 할까/ 때로는 비바람에/ 머리 풀어 울부짖어도/ 아직 견디어야 한다는 신념 하나로/ 꼿꼿이 몸 세워/ 서로 어깨 내어주며/ 삶의/ 그 자리"(〈갈대〉) 지키는 갈대의 의지와도 통한다.

3.

독일의 사상가 마이스터 에크하르트는 "개미와 풀꽃의 존재를 알아차리지 못하면 신의 존재도 알 수 없다"고 했다. 이 말은 시인이 귀담아들어야 할 시적 사유의 핵심이다. 소우주적 존재를 만들어내는 시인에게 시는 마르셀 레몽의 말처럼 "시는 형이상학이 아니다. 시는 무엇보다 먼저 도래다. 시는 이 세상의 청춘이기 때문에 나무, 새, 구름, 별처럼 이 세상의 가장 해묵은 현실을 노래한다."

존재하는 것은 모두 아름답기에 시인은 생명을 노래한다. 정연

자 시인 또한 시인으로서 생명을 노래하는 일을 게을리하지 않는다.

    비가 내린다
    빗소리 들으며
    태릉공원을 걷는다
    리듬을 타고 내리는 빗방울
    음표처럼 경쾌하다

    꽃잎은 영롱한 보석
    채워지면 아낌없이
    또르르 또르르
    흘려보낼 줄 안다
    초록으로 웃음 주는
    장미 한 송이송이
    아
    눈부셔라
    추억은 태릉 장미공원에서
    또 한 조각
    쌓여가고 있다
              ― 〈태릉 장미공원〉 전문

비 오는 날 태릉 장미공원을 걸으며 장미 한 송이 송이를 보는 시인은 "아/ 눈부셔라" 하고 경탄한다. 모든 시는 경탄에서부터 시작된다는 사실을 이 시가 증명하고 있다. 경탄이 없는 삶, 경탄하고자 하는 의지가 없는 삶은 시인의 삶이 아니다. 물론 장미를 만나기 전부터 "빗소리를 들으며/ 태릉공원을 걷는" 시인은 빗방울 하나하나에도 "음표처럼 경쾌하다"고 경탄한다. "꽃잎은 영롱한 보석/ 채워지면 아낌없이/ 또르르 또르르/ 흘려보낼 줄 안다/ 초록으로 웃음 주는/ 장미"에서처럼 시인은 경탄을 넘어 장미 꽃잎과 빗물에서 생명성을 감지한다.

장미공원의 장미뿐 아니라 아파트 공원 담장 너머의 덩굴장미에서도 시인은 "수줍은 듯 시샘하듯/ 얼굴을 내민다/ 밤사이/ 붉은빛 물결이 바스락대더니/ 이른 아침 빨간 장미/ 눈을 떴다"(〈덩굴장미〉)든가, "이월 이른 비 내리고/ 가슴 푸는 나무들 사이로/ 꽃내, 잎내, 향내/ 한 뼘쯤 더 늘어날/ 나이테가 봄 숲 가득하다"(〈비는 내리고〉)에서도 생명의 숨결을 놓치지 않고 장미와 나무와 함께 숲의 모든 생명에 대한 존재의 의미를 보여준다.

언 땅 비집고
목 내민 민들레
여린 햇살 받으며
생기가 돈다

비좁은 땅 어디서나
짓밟히고 또 밟히며

견뎌온 생

지난날의 아픔
인고의 시간

이제 모두 떠나보내고
훌훌
맘껏 창공을 향해
날은다
저 넓은 세상
초원으로 가는 그 길
향하여
　　　　　― 〈민들레의 봄〉 전문

　모든 식물의 씨앗은 생명력의 상징이다. 인도의 고전 《마하바라따》에 유디슈티라가 "떨어지는 것들 중에서 가장 뛰어난 것은 비이며, 떨어지는 것들 중에서 최고는 씨앗이다"라고 말한 대목이 있다. 그만큼 씨앗이 우주 생명의 근원임을 말한 것이다. 특히 민들레의 씨앗이 퍼져나가는 것은 경이로운 생명 그 자체이다. 꽃대가 올라오기 전까지는 "언 땅 비집고" 목을 내미는 민들레. 여러해살이풀인 민들레는 "비좁은 땅 어디서나/ 짓밟히고 또 밟히며" 생을 견딘다. 그러다가 꽃대가 15~30cm까지 올라오면서 바람을 잘 받아 효과적으로 씨앗을 분산시키기 위해 "지난날의 아품/ 인고의 시간"을 거친다. 마침내 작은 열매에 씨가 공 모양을 이루고 깃털이 있는 씨는 바람에 날린다. "저 넓은 세상/ 초원으로 가는 그 길/ 향하여" "훌훌 맘껏 창공을 향해" 난다. 그래서 민들레의 꽃말은 흩어진다는 뜻의 '분산'이다.

한사코 민들레뿐만이 아니다. 여러해살이풀인 질경이에 대한 애정도 다르지 않다. 수레바퀴 자국 속에서도 강인하게 번식한다 하여 '차전초(車前草)'라고도 불리는 질경이는 생명력이 매우 강해 '질긴 목숨'이라는 뜻에서 질경이라는 이름이 생겼다고 할 정도로 강인한 생명력을 갖는다. 정연자 시인은 강원도 통리 산골 마을 길가에 지천으로 퍼져있는 질경이를 발견한다. 그리하여 어느 곳에서든 끈질기게 질긴 생명력의 질경이를 이렇게 노래한다.

누구도 씨 뿌리지 않았지만
스스로 질긴 목숨 지킨다

뽑고 뽑아도 생명줄
놓지 않는 근성

백두에서 한라까지

이 백성 닮은
끈질긴 정신
길섶 봄볕 다독이며
제 삶 지킨다
— 〈질경이〉 부분

질경이의 끈질긴 생명력을 "백두에서 한라까지" 우리 한민족의 "끈질긴 정신"으로 승화시킨 시적 사유가 깊은 감동을 준다.

나른한 오후
커피를 마신다
은은한 향이 온몸으로 스민다

창밖 햇살
봄 치장하느라 분주하다
이곳저곳에서 꽃망울 터뜨리고
봄의 향연
생명의 발화기

계절은 가고 오고
또다시 찾아오는
꽃들의 잔치
울컥울컥
상처 진 시간들
봄꽃 위에 피어난다
　　　　— 〈봄〉 전문

봄은 부활, 소생, 쇄신을 상징한다. 봄은 겨울의 죽은 듯했던 "울컥울컥/ 상처 진 시간들/ 봄꽃"으로 생과 희열의 생명성을 터뜨린다. 창밖의 햇살도 "봄 치장하느라 분주하"고, "이곳저곳에서 꽃망울 터뜨리"는 "향연"을 펼친다. 봄은 그야말로 "생명의 발화기"이다. 그러니 이 봄날 "나른한 오후"에 마시는 커피 또한 "은은한 향이 온몸으로" 스밀 수밖에 없다. 그야말로 시인과 봄이 하나가 된다.

시인은 이러한 봄날, 씨앗을 심었다. 그리고 "흙 비집고 올라온 생명/ 아침마다 눈 비비며/ 들여다본다/ 가느다란/ 숨소리 들린다/ 귀 기울여본다/ 저 푸른 생명으로 돋아/ 햇살 터지는 세상 밖/ 신의 허다한 사랑으로/ 풀어내고 있는/ 저 여린 목숨"(《푸른 생명으로》)과 함께 생명의 존귀함을 끌어당긴다. 끌어당긴다는 것, 그 유명한 책 《시크릿》의 저자 론다 번은 끌어당김의 법칙은 자연의 법칙이라고 말한다. 우리가 원하는 대상에 생각을 집중하고 그 집중력을 유지하면, 그 순간 우주에서 가장 강력한 힘으로 그 대상을 불러들인다는 것이다. 정연자 시인도 지금 끌어당김의 법칙으로 봄의 생명성을 우리에게 보여주고 있다.

이 생명성은 한사코 봄에 국한하지 않는다. 구월을 "아직은/ 열매를 기다리는 시간/ 저 짙푸름 속에서/ 한 생을 바쳐/ 품격 있는 과실을 얻기 위해/ 기다리는/ 참으로 거룩한 목숨"(《구월의 노래》)이라고 노래하고, 늦가을에는 "떨어져 누운 잎들/ 저 별무리 속에/ 끼어 다음 생/ 지상에 꽃으로"(《늦가을엔》) 피어나리라는 소망을 노래한다. 정연자 시인이 이처럼 자연의 생명성을 노래하는 이유는 "숲의 의지와는 상관없이/ 바람은 바람으로서/ 나무는 나무로서/ 주어진 처지에서/ 자신의 운명에 맡길 뿐"(《인생사용 증명))이듯 자신도 자연의 순리에 따라 생을 살아가겠다는 의지가 내포되어 있음을 알 수 있다.

계간문예시인선 211

정연자 시집 _ **햇살의 기울기**

초판 인쇄 2024년 11월 15일
초판 발행 2024년 11월 20일

지 은 이 정연자
회　　장 서정환
발 행 인 정종명
편집주간 차윤옥

펴 낸 곳 도서출판 **계간문예**
주　　소 03132 서울 종로구 삼일대로 30길 21 종로오피스텔 1209호
전　　화 (02) 3675-5633 팩스 (02) 766-4052
이 메 일 munin5633@naver.com
홈페이지 http://cafe.daum.net/quarterly2015
등　　록 2005년 3월 9일 제300-2005-34호
연 락 처 03132 서울 종로구 삼일대로 32길 36 운현신화타워 305호
인　　쇄 54991 전북 전주시 완산구 공북1길 16, 신아출판사
ISBN 978-89-6554-308-4 04810
ISBN 978-89-6554-118-9 (세트)

값 12,000원

잘못 만든 책은 바꾸어 드립니다.
저자와 협의하여 인지를 생략합니다.